Naam: ______________________

Adres: ______________________

____

Telefoon: ______________________

INHOUD

△ INLEIDING △

Het is niet altijd even gemakkelijk om overzicht te houden over het geld dat binnenkomt en eruit gaat. En voor velen onder ons is het bovendien niet helemaal duidelijk waar het geld dat uitgegeven wordt precies naartoe gaat. Deze budgetplanner helpt je om je financiële situatie in kaart te brengen, zodat je waar nodig kunt bijsturen en nooit meer voor financiële verrassingen komt te staan.

De basis van een gezonde financiële situatie ligt voor een groot deel in een goede planning. Het is belangrijk om te weten op welke momenten je grote inkomsten kunt verwachten, zoals een belastingteruggave, en op welke momenten je grote uitgaven zult moeten doen, zoals de verkeersbelasting/wegenbelasting of de onroerende voorheffing/onroerendezaakbelasting. Daarom vind je aan het begin van deze planner een **jaaroverzicht** voor de **te voorziene inkomsten** en de **te voorziene uitgaven**. Zo kun je deze informatie opnemen in je maandelijkse budgetten, en veel belangrijker nog: zo kun je ervoor zorgen dat je op de juiste momenten voldoende geld voorhanden hebt.

De **maandelijkse overzichten** die daarop volgen, dienen om je een duidelijker beeld te geven van je financiën. Vul aan het begin van elke maand in wat je **vaste inkomsten** zijn en welke **extra inkomsten** je die maand hebt. Denk bij vaste inkomsten ruimer dan alleen je loon; houd ook rekening met vaste premies, vakantiegeld, onkostenvergoedingen en met bijvoorbeeld maaltijdcheques als je in België woont. Ook uitkeringen horen thuis in deze categorie, bijvoorbeeld werkloosheidsuitkering, weerverletzegels (B), pensioen, leefloon, tegemoetkoming aan personen met een handicap, kinderbijslag en alimentatie.
Onder extra inkomsten schrijf je onder andere belastingteruggave, huurtoeslag, studiebeurzen en getrouwheidspremies (B).

Maak daarna een lijst van je **vaste lasten**, zoals je rekeningen voor water, gas & elektriciteit, verzekeringen, internet, mobiele telefoon & televisie, huur of hypotheek en leningen die je hebt lopen. Kortom: noteer hier alle kosten die je maandelijks moet betalen.
Dit geeft je vanaf het begin alvast een goed idee van hoeveel budget er overblijft voor de rest van de maand.

Op de uitgavenbladzijden die daarop volgen kun je nauwgezet bijhouden waaraan je je geld uitgeeft en hoeveel. Onder **uitgaven** vallen kleding, voeding, benzine, dokterskosten, hobby's, enz. Schrijf hier alles, maar dan ook echt alles op en wees eerlijk. Ook al gaat het maar om een tijdschrift of krant, noteer het op deze bladzijden. Om het jezelf zo gemakkelijk mogelijk te maken doe je er goed aan om zo veel mogelijk kassabonnetjes te verzamelen en foto's te maken van die dingen waarvoor je geen bonnetje hebt gekregen. Zo wordt de kans kleiner dat je iets vergeet.

Ook voor uitgaven die je doet via je **creditcard(s)** is er een aparte bladzijde gereserveerd omdat dit een verraderlijke uitgavepost kan zijn. Een creditcard geeft je namelijk de mogelijkheid om geld uit te geven dat je niet hebt. Schrijf op deze bladzijde al je uitgaven op, zodat je goed weet met welke extra kosten je de volgende maand rekening moet houden. Verder hoef je deze maand met deze post niets te doen, maar vergeet niet om de informatie die je hier verzamelt over te brengen naar de uitgaven van de volgende maand, omdat pas dan je uitgaven effectief in rekening worden gebracht.

Tot slot kun je aan het eind van elke maand een **samenvatting** maken van alle uitgaven die je die maand gedaan hebt. Je brengt je uitgaven onder in verschillende categorieën, zoals wonen, dagelijks leven, mobiliteit, enz. zodat je inzicht krijgt in hoeveel geld er precies naar welke posten gaat.

Hieronder vind je een lijst van mogelijke uitgaven die je onder de verschillende categorieën kunt plaatsen. Deze lijst is niet volledig, maar geeft je alvast een goede basis om van uit te gaan.

- **Wonen:** huur of hypotheek, elektriciteit, gas of stookolie, water, brandverzekering, schuldsaldoverzekering, onroerende voorheffing/onroerendezaakbelasting, en in België ook: personenbelasting, gemeentebelasting, provinciebelasting, enz.
- **Dagelijks leven:** voeding & dranken, lichaamsverzorging & hygiëne, onderhoudsproducten, kleding, huisdieren, sport & ontspanning, enz.
- **Gezondheid:** ziekenfonds/zorgverzekeraar, hospitalisatieverzekering, dokterskosten, ziekenhuiskosten, medicijnen, thuishulp of thuisverpleging, enz.
- **Mobiliteit:** autolening of lease, autoverzekering, verkeersbelasting/wegenbelasting, onderhoudskosten auto, huur of hypotheek van een garage, abonnement op het openbaar vervoer, enz.
- **Communicatie:** tv, telefoon, internet, mobiele telefoon, enz.
- **Vrije tijd en relaties:** vakantie, uitstapjes, concerten, cadeaus voor vrienden en familie, enz.
- **Kinderen:** kinderopvang, schoolkosten, alimentatie, zakgeld, cadeaus voor vriendjes en vriendinnetjes, feesten, hobby, enz.
- **Afbetaling schulden:** postorderbedrijven, kredieten, leningen bij vrienden of familie, enz.
- **Onvoorziene uitgaven:** reparaties aan je auto, woning of apparaten, vervanging van stukgeraakte apparaten, enz.

Je kunt hier ook opschrijven hoeveel je die maand gespaard hebt en op welke manier. Spaar je een maandelijks bedrag? Doe je aan pensioensparen? En tot slot kun je noteren wat de balans is als al het voorgaande in rekening is gebracht.

Omdat de kerstdagen en vakanties doorgaans grote uitgaveposten zijn, zijn er ook aparte bladzijden gereserveerd om deze gelegenheden meer gedetailleerd in kaart te brengen. Schrijf onder de rubriek **Kerst** op welke cadeaus je hebt gekocht, hoeveel je hebt uitgegeven aan voeding, kleding, enz. Onder de rubriek **Vakantie** kun je noteren hoeveel je per vakantie hebt uitgegeven aan vervoer, logies, voeding, uitstapjes, extraatjes, enz.

En om het plaatje helemaal compleet te maken, kun je aan het einde van deze budgetplanner alle informatie die je gedurende een jaar maandelijks verzameld hebt in een **jaaroverzicht** verzamelen. Zo zullen je financiën geen geheimen meer voor je hebben!

Veel succes!

△ BANKGEGEVENS △

Bank: ______________________ BIC: ____________

Adres: ______________________

Telefoon: ____________ E-mail: ______________________

Contactpersoon: ______________________

SPAARREKENING IBAN: ______________________

BETAALREKENING IBAN: ______________________

Bank: ______________________ BIC: ____________

Adres: ______________________

Telefoon: ____________ E-mail: ______________________

Contactpersoon: ______________________

SPAARREKENING IBAN: ______________________

BETAALREKENING IBAN: ______________________

Bank: ______________________ BIC: ____________

Adres: ______________________

Telefoon: ____________ E-mail: ______________________

Contactpersoon: ______________________

SPAARREKENING IBAN: ______________________

BETAALREKENING IBAN: ______________________

△ BELANGRIJKE REKENINGNUMMERS △

Naam/bedrijf:

IBAN:

Naam/bedrijf:

IBAN:

Naam/bedrijf:

IBAN:

Naam/bedrijf:

IBAN:

Naam/bedrijf:

IBAN:

Naam/bedrijf:

IBAN:

Naam/bedrijf:

IBAN:

Naam/bedrijf:

IBAN:

Naam/bedrijf:

IBAN:

Naam/bedrijf:

IBAN:

Naam/bedrijf:

IBAN:

Naam/bedrijf:

IBAN:

Naam/bedrijf:

IBAN:

Naam/bedrijf:

IBAN:

Naam/bedrijf:

IBAN:

Naam/bedrijf:

IBAN:

△ TE VOORZIENE INKOMSTEN △

Januari

Februari

Maart

April

Mei

Juni

Juli

Augustus

September

Oktober

November

December

△ TE VOORZIENE UITGAVEN △

Januari

Februari

Maart

April

Mei

Juni

Juli

Augustus

September

Oktober

November

December

Maand:

....

△ VASTE INKOMSTEN △

Datum	Beschrijving	Bedrag

Totaal:

△ EXTRA INKOMSTEN △

Datum	Beschrijving	Bedrag

Totaal:

△ VASTE LASTEN △

Datum	Beschrijving	Bedrag	Betaald
			☐
			☐
			☐
			☐
			☐
			☐
			☐
			☐
			☐
			☐
			☐
			☐
			☐
			☐
			☐
			☐

Totaal:

Totaal inkomsten - Totaal vaste lasten = **Budget voor de rest van de maand**

________ – ________ = ________

▵ UITGAVEN ▵

Datum	Beschrijving	Bedrag

Totaal:

△ UITGAVEN △

Datum	Beschrijving	Bedrag

Totaal:

△ UITGAVEN △

Datum	Beschrijving	Bedrag

Totaal:

▵ UITGAVEN ▵

Datum	Beschrijving	Bedrag

Totaal:

△ UITGAVEN △

Datum	Beschrijving	Bedrag

Totaal:

△ CREDITCARDS △

Datum	Beschrijving	Bedrag

Totaal:

△ SAMENVATTING △

INKOMSTEN:

Totaal:

UITGAVEN:

Wonen:

Dagelijks leven:

Gezondheid:

Mobiliteit:

Communicatie:

Vrije tijd & relaties:

Kinderen:

Afbetaling schulden:

Onvoorziene uitgaven:

Totaal:

SPAREN:

Maandelijks bedrag:

Pensioensparen:

Andere:

Totaal:

BALANS:

Totaal:

Maand:

....

△ VASTE INKOMSTEN △

Datum	Beschrijving	Bedrag

Totaal:

△ EXTRA INKOMSTEN △

Datum	Beschrijving	Bedrag

Totaal:

△ VASTE LASTEN △

Datum	Beschrijving	Bedrag	Betaald
			☐
			☐
			☐
			☐
			☐
			☐
			☐
			☐
			☐
			☐
			☐
			☐
			☐
			☐
			☐
			☐

Totaal:

Totaal inkomsten - Totaal vaste lasten = **Budget voor de rest van de maand**

– =

▵ UITGAVEN ▵

Datum	Beschrijving	Bedrag

Totaal:

△ UITGAVEN △

Datum	Beschrijving	Bedrag

Totaal:

△ UITGAVEN △

Datum	Beschrijving	Bedrag

Totaal:

△ UITGAVEN △

Datum	Beschrijving	Bedrag

Totaal:

△ UITGAVEN △

Datum	Beschrijving	Bedrag

Totaal:

△ CREDITCARDS △

Datum	Beschrijving	Bedrag

Totaal:

△ SAMENVATTING △

INKOMSTEN:

Totaal:

UITGAVEN:

Wonen:

Dagelijks leven:

Gezondheid:

Mobiliteit:

Communicatie:

Vrije tijd & relaties:

Kinderen:

Afbetaling schulden:

Onvoorziene uitgaven:

Totaal:

SPAREN:

Maandelijks bedrag:

Pensioensparen:

Andere:

Totaal:

BALANS:

Totaal:

Maand:

....

△ VASTE INKOMSTEN △

Datum	Beschrijving	Bedrag

Totaal:

△ EXTRA INKOMSTEN △

Datum	Beschrijving	Bedrag

Totaal:

▵ VASTE LASTEN ▵

Datum	Beschrijving	Bedrag	Betaald
			☐
			☐
			☐
			☐
			☐
			☐
			☐
			☐
			☐
			☐
			☐
			☐
			☐
			☐
			☐
			☐

Totaal:

Totaal inkomsten - Totaal vaste lasten = **Budget voor de rest van de maand**

________ – ________ = ________

△ UITGAVEN △

Datum	Beschrijving	Bedrag

Totaal:

△ UITGAVEN △

Datum	Beschrijving	Bedrag

Totaal:

△ UITGAVEN △

Datum	Beschrijving	Bedrag

Totaal:

▵ UITGAVEN ▵

Datum	Beschrijving	Bedrag

Totaal:

△ UITGAVEN △

Datum	Beschrijving	Bedrag

Totaal:

△ CREDITCARDS △

Datum	Beschrijving	Bedrag

Totaal:

△ SAMENVATTING △

INKOMSTEN:

Totaal:

UITGAVEN:

Wonen:

Dagelijks leven:

Gezondheid:

Mobiliteit:

Communicatie:

Vrije tijd & relaties:

Kinderen:

Afbetaling schulden:

Onvoorziene uitgaven:

Totaal:

SPAREN:

Maandelijks bedrag:

Pensioensparen:

Andere:

Totaal:

BALANS:

Totaal:

Maand:

....

△ VASTE INKOMSTEN △

Datum	Beschrijving	Bedrag

Totaal:

△ EXTRA INKOMSTEN △

Datum	Beschrijving	Bedrag

Totaal:

△ VASTE LASTEN △

Datum	Beschrijving	Bedrag	Betaald
			☐
			☐
			☐
			☐
			☐
			☐
			☐
			☐
			☐
			☐
			☐
			☐
			☐
			☐
			☐
			☐

Totaal:

Totaal inkomsten - Totaal vaste lasten = **Budget voor de rest van de maand**

______ – ______ = ______

△ UITGAVEN △

Datum	Beschrijving	Bedrag

Totaal:

△ UITGAVEN △

Datum	Beschrijving	Bedrag

Totaal:

△ UITGAVEN △

Datum	Beschrijving	Bedrag

Totaal:

△ UITGAVEN △

Datum	Beschrijving	Bedrag

Totaal:

▵ UITGAVEN ▵

Datum	Beschrijving	Bedrag

Totaal:

△ CREDITCARDS △

Datum	Beschrijving	Bedrag

Totaal:

△ SAMENVATTING △

INKOMSTEN:

Totaal:

UITGAVEN:

Wonen:

Dagelijks leven:

Gezondheid:

Mobiliteit:

Communicatie:

Vrije tijd & relaties:

Kinderen:

Afbetaling schulden:

Onvoorziene uitgaven:

Totaal:

SPAREN:

Maandelijks bedrag:

Pensioensparen:

Andere:

Totaal:

BALANS:

Totaal:

Maand:

....

△ VASTE INKOMSTEN △

Datum	Beschrijving	Bedrag

Totaal:

△ EXTRA INKOMSTEN △

Datum	Beschrijving	Bedrag

Totaal:

△ VASTE LASTEN △

Datum	Beschrijving	Bedrag	Betaald
			☐
			☐
			☐
			☐
			☐
			☐
			☐
			☐
			☐
			☐
			☐
			☐
			☐
			☐
			☐
			☐

Totaal:

Totaal inkomsten - Totaal vaste lasten = **Budget voor de rest van de maand**

– =

▵ UITGAVEN ▵

Datum	Beschrijving	Bedrag

Totaal:

△ UITGAVEN △

Datum	Beschrijving	Bedrag

Totaal:

▵ UITGAVEN ▵

Datum	Beschrijving	Bedrag

Totaal:

△ UITGAVEN △

Datum	Beschrijving	Bedrag

Totaal:

△ UITGAVEN △

Datum	Beschrijving	Bedrag

Totaal:

▵ CREDITCARDS ▵

Datum	Beschrijving	Bedrag

Totaal:

△ SAMENVATTING △

INKOMSTEN:

Totaal:

UITGAVEN:

Wonen:

Dagelijks leven:

Gezondheid:

Mobiliteit:

Communicatie:

Vrije tijd & relaties:

Kinderen:

Afbetaling schulden:

Onvoorziene uitgaven:

Totaal:

SPAREN:

Maandelijks bedrag:

Pensioensparen:

Andere:

Totaal:

BALANS:

Totaal:

Maand:

△ VASTE INKOMSTEN △

Datum	Beschrijving	Bedrag

Totaal:

△ EXTRA INKOMSTEN △

Datum	Beschrijving	Bedrag

Totaal:

△ VASTE LASTEN △

Datum	Beschrijving	Bedrag	Betaald
			☐
			☐
			☐
			☐
			☐
			☐
			☐
			☐
			☐
			☐
			☐
			☐
			☐
			☐
			☐
			☐

Totaal:

Totaal inkomsten - Totaal vaste lasten = **Budget voor de rest van de maand**

________ – ________ = ________

▵ UITGAVEN ▵

Datum	Beschrijving	Bedrag

Totaal:

△ UITGAVEN △

Datum	Beschrijving	Bedrag

Totaal:

△ UITGAVEN △

Datum	Beschrijving	Bedrag

Totaal:

△ UITGAVEN △

Datum	Beschrijving	Bedrag

Totaal:

△ UITGAVEN △

Datum	Beschrijving	Bedrag

Totaal:

△ CREDITCARDS △

Datum	Beschrijving	Bedrag

Totaal:

△ SAMENVATTING △

INKOMSTEN:

Totaal:

UITGAVEN:

Wonen:

Dagelijks leven:

Gezondheid:

Mobiliteit:

Communicatie:

Vrije tijd & relaties:

Kinderen:

Afbetaling schulden:

Onvoorziene uitgaven:

Totaal:

SPAREN:

Maandelijks bedrag:

Pensioensparen:

Andere:

Totaal:

BALANS:

Totaal:

Maand:

....

△ VASTE INKOMSTEN △

Datum	Beschrijving	Bedrag

Totaal:

△ EXTRA INKOMSTEN △

Datum	Beschrijving	Bedrag

Totaal:

△ VASTE LASTEN △

Datum	Beschrijving	Bedrag	Betaald
			☐
			☐
			☐
			☐
			☐
			☐
			☐
			☐
			☐
			☐
			☐
			☐
			☐
			☐
			☐
			☐

Totaal:

Totaal inkomsten - Totaal vaste lasten = **Budget voor de rest van de maand**

______ – ______ = ______

△ UITGAVEN △

Datum	Beschrijving	Bedrag

Totaal:

▵ UITGAVEN ▵

Datum	Beschrijving	Bedrag

Totaal:

△ UITGAVEN △

Datum	Beschrijving	Bedrag

Totaal:

△ UITGAVEN △

Datum	Beschrijving	Bedrag

Totaal:

△ UITGAVEN △

Datum	Beschrijving	Bedrag

Totaal:

△ CREDITCARDS △

Datum	Beschrijving	Bedrag

Totaal:

△ SAMENVATTING △

INKOMSTEN:

Totaal:

UITGAVEN:

Wonen:

Dagelijks leven:

Gezondheid:

Mobiliteit:

Communicatie:

Vrije tijd & relaties:

Kinderen:

Afbetaling schulden:

Onvoorziene uitgaven:

Totaal:

SPAREN:

Maandelijks bedrag:

Pensioensparen:

Andere:

Totaal:

BALANS:

Totaal:

Maand:

....

△ VASTE INKOMSTEN △

Datum	Beschrijving	Bedrag

Totaal:

△ EXTRA INKOMSTEN △

Datum	Beschrijving	Bedrag

Totaal:

△ VASTE LASTEN △

Datum	Beschrijving	Bedrag	Betaald
			☐
			☐
			☐
			☐
			☐
			☐
			☐
			☐
			☐
			☐
			☐
			☐
			☐
			☐
			☐
			☐

Totaal:

Totaal inkomsten - Totaal vaste lasten = **Budget voor de rest van de maand**

_____ – _____ = _____

△ UITGAVEN △

Datum	Beschrijving	Bedrag

Totaal:

△ UITGAVEN △

Datum	Beschrijving	Bedrag

Totaal:

△ UITGAVEN △

Datum	Beschrijving	Bedrag

Totaal:

▵ UITGAVEN ▵

Datum	Beschrijving	Bedrag

Totaal:

▵ UITGAVEN ▵

Datum	Beschrijving	Bedrag

Totaal:

▵ CREDITCARDS ▵

Datum	Beschrijving	Bedrag

Totaal:

△ SAMENVATTING △

INKOMSTEN:

Totaal:

UITGAVEN:

Wonen:

Dagelijks leven:

Gezondheid:

Mobiliteit:

Communicatie:

Vrije tijd & relaties:

Kinderen:

Afbetaling schulden:

Onvoorziene uitgaven:

Totaal:

SPAREN:

Maandelijks bedrag:

Pensioensparen:

Andere:

Totaal:

BALANS:

Totaal:

Maand:

△ VASTE INKOMSTEN △

Datum	Beschrijving	Bedrag

Totaal:

△ EXTRA INKOMSTEN △

Datum	Beschrijving	Bedrag

Totaal:

▵ VASTE LASTEN ▵

Datum	Beschrijving	Bedrag	Betaald
			☐
			☐
			☐
			☐
			☐
			☐
			☐
			☐
			☐
			☐
			☐
			☐
			☐
			☐
			☐
			☐

Totaal:

Totaal inkomsten - Totaal vaste lasten = **Budget voor de rest van de maand**

– =

△ UITGAVEN △

Datum	Beschrijving	Bedrag

Totaal:

△ UITGAVEN △

Datum	Beschrijving	Bedrag

Totaal:

▵ UITGAVEN ▵

Datum	Beschrijving	Bedrag

Totaal:

△ UITGAVEN △

Datum	Beschrijving	Bedrag

Totaal:

△ UITGAVEN △

Datum	Beschrijving	Bedrag

Totaal:

△ CREDITCARDS △

Datum	Beschrijving	Bedrag

Totaal:

△ SAMENVATTING △

INKOMSTEN:

Totaal:

UITGAVEN:

Wonen: __________

Dagelijks leven: __________

Gezondheid: __________

Mobiliteit: __________

Communicatie: __________

Vrije tijd & relaties: __________

Kinderen: __________

Afbetaling schulden: __________

Onvoorziene uitgaven: __________

Totaal:

SPAREN:

Maandelijks bedrag: __________

Pensioensparen: __________

Andere: __________

Totaal:

BALANS:

Totaal:

Maand:

....

△ VASTE INKOMSTEN △

Datum	Beschrijving	Bedrag

Totaal:

△ EXTRA INKOMSTEN △

Datum	Beschrijving	Bedrag

Totaal:

▵ VASTE LASTEN ▵

Datum	Beschrijving	Bedrag	Betaald
			☐
			☐
			☐
			☐
			☐
			☐
			☐
			☐
			☐
			☐
			☐
			☐
			☐
			☐
			☐
			☐

Totaal:

Totaal inkomsten - Totaal vaste lasten = **Budget voor de rest van de maand**

________ – ________ = ________

△ UITGAVEN △

Datum	Beschrijving	Bedrag

Totaal:

△ UITGAVEN △

Datum	Beschrijving	Bedrag

Totaal:

▵ UITGAVEN ▵

Datum	Beschrijving	Bedrag

Totaal:

▵ UITGAVEN ▵

Datum	Beschrijving	Bedrag

Totaal:

△ UITGAVEN △

Datum	Beschrijving	Bedrag

Totaal:

▵ CREDITCARDS ▵

Datum	Beschrijving	Bedrag

Totaal:

△ SAMENVATTING △

INKOMSTEN:

Totaal:

UITGAVEN:

Wonen:

Dagelijks leven:

Gezondheid:

Mobiliteit:

Communicatie:

Vrije tijd & relaties:

Kinderen:

Afbetaling schulden:

Onvoorziene uitgaven:

Totaal:

SPAREN:

Maandelijks bedrag:

Pensioensparen:

Andere:

Totaal:

BALANS:

Totaal:

Maand:

....

△ VASTE INKOMSTEN △

Datum	Beschrijving	Bedrag

Totaal:

△ EXTRA INKOMSTEN △

Datum	Beschrijving	Bedrag

Totaal:

△ VASTE LASTEN △

Datum	Beschrijving	Bedrag	Betaald
			☐
			☐
			☐
			☐
			☐
			☐
			☐
			☐
			☐
			☐
			☐
			☐
			☐
			☐
			☐
			☐

Totaal:

Totaal inkomsten - Totaal vaste lasten = **Budget voor de rest van de maand**

________ – ________ = ________

△ UITGAVEN △

Datum	Beschrijving	Bedrag

Totaal:

△ UITGAVEN △

Datum	Beschrijving	Bedrag

Totaal:

△ UITGAVEN △

Datum	Beschrijving	Bedrag

Totaal:

△ UITGAVEN △

Datum	Beschrijving	Bedrag

Totaal:

△ UITGAVEN △

Datum	Beschrijving	Bedrag

Totaal:

△ CREDITCARDS △

Datum	Beschrijving	Bedrag

Totaal:

△ SAMENVATTING △

INKOMSTEN:

Totaal:

UITGAVEN:

Wonen:

Dagelijks leven:

Gezondheid:

Mobiliteit:

Communicatie:

Vrije tijd & relaties:

Kinderen:

Afbetaling schulden:

Onvoorziene uitgaven:

Totaal:

SPAREN:

Maandelijks bedrag:

Pensioensparen:

Andere:

Totaal:

BALANS:

Totaal:

Maand:

△ VASTE INKOMSTEN △

Datum	Beschrijving	Bedrag

Totaal:

△ EXTRA INKOMSTEN △

Datum	Beschrijving	Bedrag

Totaal:

▵ VASTE LASTEN ▵

Datum	Beschrijving	Bedrag	Betaald
			☐
			☐
			☐
			☐
			☐
			☐
			☐
			☐
			☐
			☐
			☐
			☐
			☐
			☐
			☐
			☐

Totaal:

Totaal inkomsten - Totaal vaste lasten = **Budget voor de rest van de maand**

________ – ________ = ________

△ UITGAVEN △

Datum	Beschrijving	Bedrag

Totaal:

△ UITGAVEN △

Datum	Beschrijving	Bedrag

Totaal:

△ UITGAVEN △

Datum	Beschrijving	Bedrag

Totaal:

▵ UITGAVEN ▵

Datum	Beschrijving	Bedrag

Totaal:

△ UITGAVEN △

Datum	Beschrijving	Bedrag

Totaal:

△ CREDITCARDS △

Datum	Beschrijving	Bedrag

Totaal:

△ SAMENVATTING △

INKOMSTEN:

Totaal:

UITGAVEN:

Wonen:

Dagelijks leven:

Gezondheid:

Mobiliteit:

Communicatie:

Vrije tijd & relaties:

Kinderen:

Afbetaling schulden:

Onvoorziene uitgaven:

Totaal:

SPAREN:

Maandelijks bedrag:

Pensioensparen:

Andere:

Totaal:

BALANS:

Totaal:

△ KERST △

Datum	Beschrijving	Bedrag

Totaal:

△ VAKANTIE △

Datum	Beschrijving	Bedrag

Totaal:

△ VAKANTIE △

Datum	Beschrijving	Bedrag

Totaal:

△ VAKANTIE △

Datum	Beschrijving	Bedrag

Totaal:

△ VAKANTIE △

Datum	Beschrijving	Bedrag

Totaal:

△ JAAROVERZICHT △

INKOMSTEN:

Totaal:

UITGAVEN:

Wonen:

Dagelijks leven:

Gezondheid:

Mobiliteit:

Communicatie:

Vrije tijd & relaties:

Kinderen:

Afbetaling schulden:

Onvoorziene uitgaven:

Totaal:

SPAREN:

Maandelijks bedrag:

Pensioensparen:

Andere:

Totaal:

BALANS:

Totaal:

△ NOTITIES △

MIX
Papier van verantwoorde herkomst
FSC® C146536

Idee, concept & design: ZNU. Gedrukt in China.
Afbeeldingen gebruikt onder licentie van Shutterstock.com